MODELA CON BARRO

Modela con barro

Texto y realitzación de actividades: Carme Bohera
Profesora de plàstica

Director editorial: Mª Fernanda Canal
Fotografía: Estudio Nos y Soto
Ilustración: M. Gloria García Álvarez
Diseño gráfico: Josep Guasch
Director de producción: Rafael Marfil

Octava edición: julio 2000
© Parramón Ediciones, S.A.

Editado por Parramón Ediciones, S.A.
Gran Via de les Corts Catalanes, 322-324
08004 Barcelona

ISBN: 84-342-1896-8
Depósito legal: B-20.115-2000
Impreso en España

MANUALIDADES DIVERTIDAS

MODELA CON BARRO

℗ Parramón

Una mariposa en la pared

1. Dobla por la mitad un rectángulo de cartulina y dibuja unas alas.

2. Recórtalas, ábrelas y decóralas simétricamente con rotuladores o ceras.

3. Modela con barro el cuerpo alargado de la mariposa.

4. Clávale unas antenas de alambre y un clip para colgarla. Introduce las alas en los costados cuando el barro todavía esté blando.

5. Una vez seco, puedes pintar o barnizar el cuerpo y colgarla en la pared.

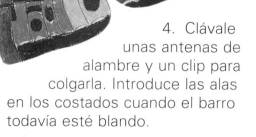

4

Un pájaro móvil

1. Prepara 8 cuadrados de papel de seda de diferentes colores.

2. Dibuja un ala y recorta los ocho papeles a la vez.

3. Modela con barro el cuerpo del pájaro.

4. Con el barro todavía blando introduce las alas en los costados con la ayuda de una pinza.

5. Clava un clip en el centro para poder colgarlo.

6. Cuando esté seco puedes pintar el cuerpo, los ojos y el pico y colgarlo de un hilo.

Un gusano elegante

1. Aplana el barro, colocado entre dos listones, con un rodillo.

2. Una vez hecha la plancha, dibuja una hoja con la punta de una espátula.

3. Recórtala con una espátula para cortar barro.

4. Dibújale los nervios.

5. Modela el gusano y el sombrero. Pégalo encima de la hoja.

6. Cuando esté seca, pinta la hoja con témpera de color verde y el gusano como más te guste. Si lo pintas con colores fluorescentes, por la noche te hará compañía.

7

Un ratoncito

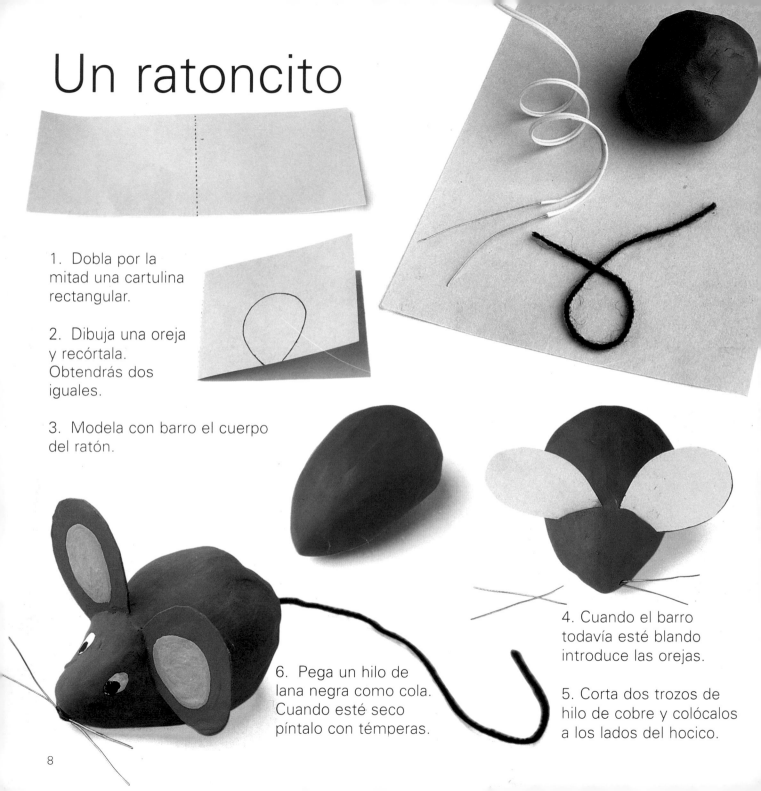

1. Dobla por la mitad una cartulina rectangular.

2. Dibuja una oreja y recórtala. Obtendrás dos iguales.

3. Modela con barro el cuerpo del ratón.

4. Cuando el barro todavía esté blando introduce las orejas.

5. Corta dos trozos de hilo de cobre y colócalos a los lados del hocico.

6. Pega un hilo de lana negra como cola. Cuando esté seco píntalo con témperas.

Tres en raya

1. Forma una plancha de barro con la ayuda de un rodillo.

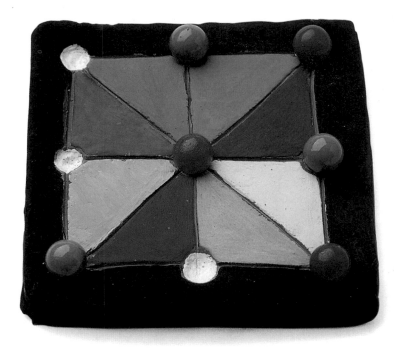

2. Dibuja un cuadrado en la plancha y recórtalo con una espátula.

3. Marca 9 pequeños hoyos y traza rayas uniéndolos, tal como se indica en la foto.

4. Modela 6 bolas pequeñas, que servirán de fichas.

5. Cuando esté seco, píntalo. Debes pintar 3 bolitas de un color y 3 de otro.

6. Busca un compañero o compañera de juego. Quien primero consiga poner las 3 bolitas en raya, gana.

Una barca de vela

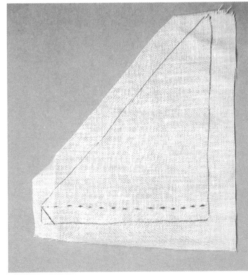

1. Con un trozo de barro, modela una barca.

2. Añádele un asiento para el marinero.

3. En el otro lado, clava un alambre recto. Déjala secar.

4. Dibuja una vela en un retal de tela blanca.

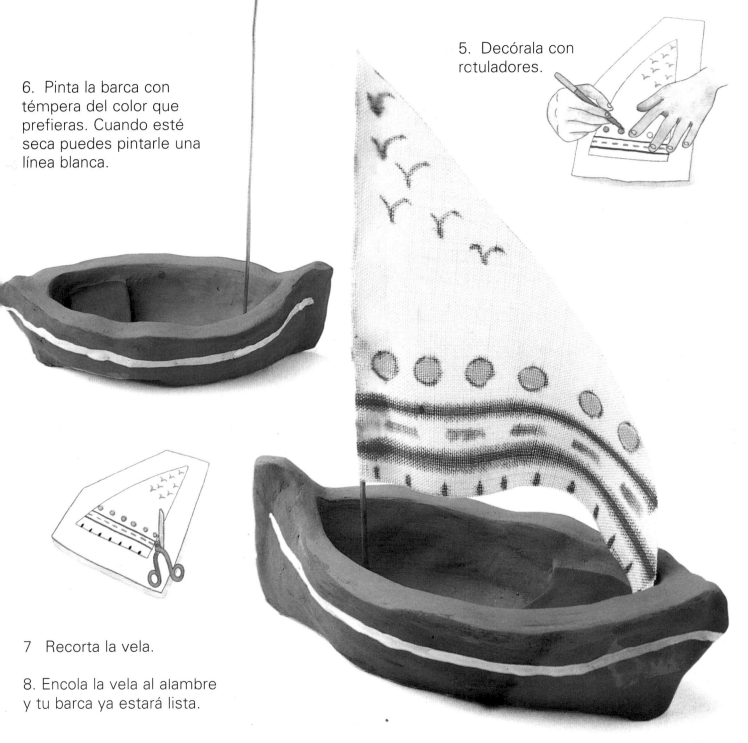

6. Pinta la barca con témpera del color que prefieras. Cuando esté seca puedes pintarle una línea blanca.

5. Decórala con rctuladores.

7 Recorta la vela.

8. Encola la vela al alambre y tu barca ya estará lista.

11

Una gallina decorativa

1. Modela una bola de barro. Alárgala por los dos lados.

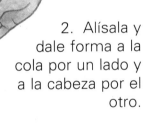

2. Alísala y dale forma a la cola por un lado y a la cabeza por el otro.

3. Con un vaciador haz un agujero redondo en la espalda de la gallina.

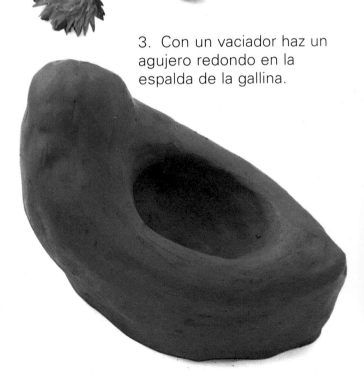

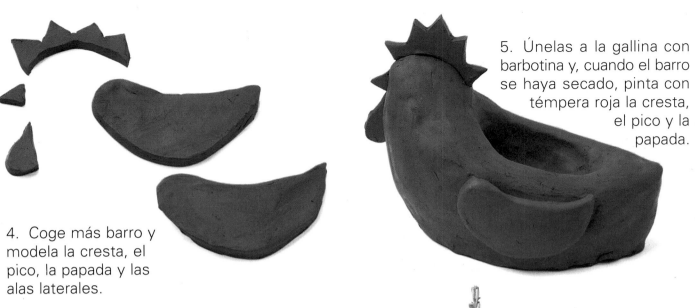

5. Únelas a la gallina con barbotina y, cuando el barro se haya secado, pinta con témpera roja la cresta, el pico y la papada.

4. Coge más barro y modela la cresta, el pico, la papada y las alas laterales.

6. Para los ojos, pinta círculos blancos y cuando ya estén secos, otros negros más pequeños.

7. Barnízala y una vez seca, llena el agujero con flores secas.

Una práctica mariquita

1. Modela el cuerpo de la mariquita a partir de una bola de barro.

2. Con una espátula, haz un corte en la espalda para simular el lugar donde se encuentran las alas.

3. Añade la cabeza, procura que quede bien unida al cuerpo.

4. Colócale las antenas con dos trozos de alambre.

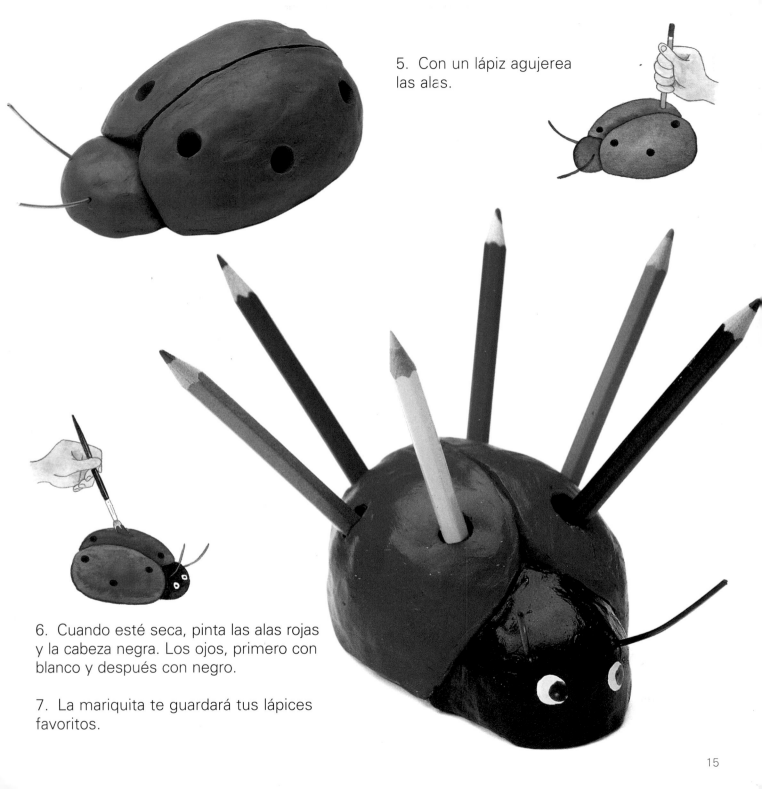

5. Con un lápiz agujerea las alas.

6. Cuando esté seca, pinta las alas rojas y la cabeza negra. Los ojos, primero con blanco y después con negro.

7. La mariquita te guardará tus lápices favoritos.

Un ángel de Navidad

1. Modela el cuerpo en forma de cono. Agujerea la parte superior con la ayuda de una espátula.

2. Forma la cabeza, con un cuello muy largo. No te olvides de la barbilla, la nariz y las cejas.

3. Coloca la cabeza encima del cuerpo, procurando que quede bien unida.

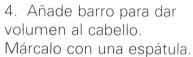

4. Añade barro para dar volumen al cabello. Márcalo con una espátula.

5. Modela dos churros a modo de brazos y únelos al cuerpo por los hombros. Marca el final de la manga.

6. Dibuja y recorta las alas. Introdúcelas en la espalda.

7. Coloca el soporte de una vela de cumpleaños en las manos, cuando el barro todavía esté blando.

8. Modela una base de barro y adórnalo con acebo de plástico o piñas.

9. Píntalo con témperas. Los ojos y la boca puedes hacerlos con rotuladores de punta fina.

10. No te olvides de encender la vela, durante la cena de Nochebuena.

Un móvil para la ventana

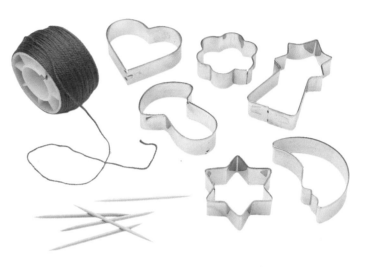

1. Realiza una plancha de barro con la ayuda de dos listones y un rodillo.

2. Marca en el barro diferentes figuras utilizando moldes de galletas.

3. También puedes modelar bolas pequeñas.

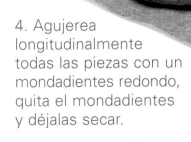

4. Agujerea longitudinalmente todas las piezas con un mondadientes redondo, quita el mondadientes y déjalas secar.

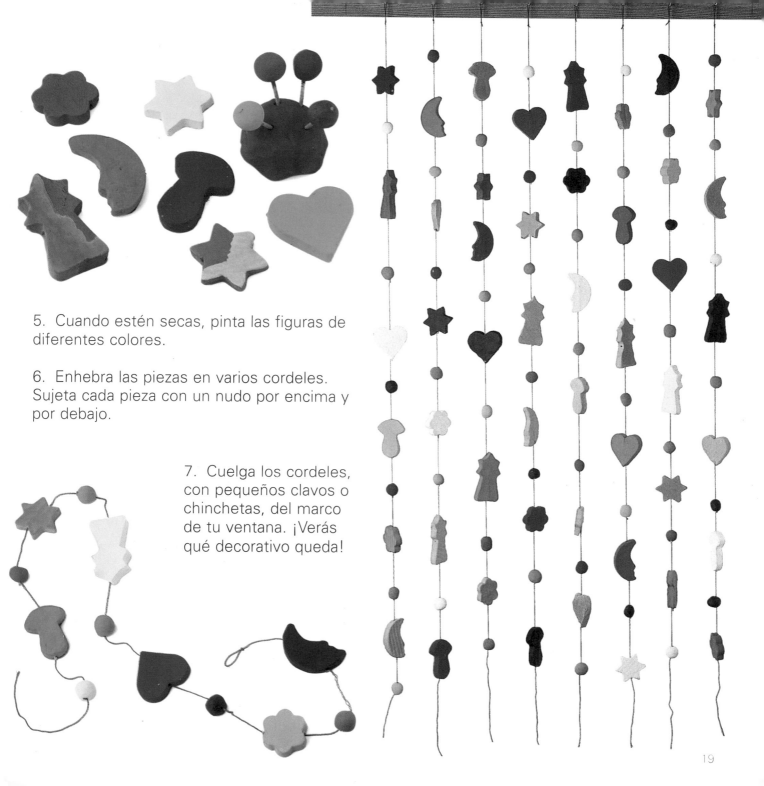

5. Cuando estén secas, pinta las figuras de diferentes colores.

6. Enhebra las piezas en varios cordeles. Sujeta cada pieza con un nudo por encima y por debajo.

7. Cuelga los cordeles, con pequeños clavos o chinchetas, del marco de tu ventana. ¡Verás qué decorativo queda!

Una caja de secretos

1. Modela el caparazón macizo de una tortuga.

2. Con distintos pedazos de barro realiza las cuatro patas, la cola y la cabeza.

3. Pega las patas, la cabeza y la cola debajo del caparazón. Para que no se despeguen al secarse, debes asegurarlas rayándolas con algún instrumento.

4. Con un hilo de nailon, corta una parte del caparazón que será la tapa de la caja.

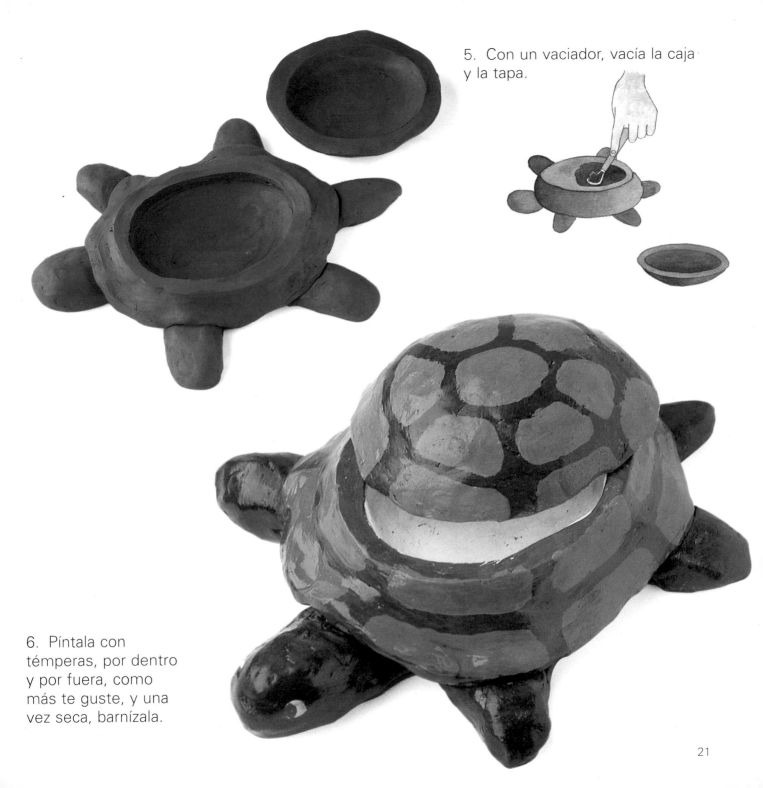

5. Con un vaciador, vacía la caja y la tapa.

6. Píntala con témperas, por dentro y por fuera, como más te guste, y una vez seca, barnízala.

Un sacapuntas gigante

1. Modela un prisma. Para que las aristas queden rectas, puedes cortar el bloque con un hilo de nailon.

2. Vacía los dos lados para darle forma de sacapuntas. Te ayudará tener un sacapuntas a la vista como muestra.

3. Agujerea y vacía la parte superior. Este agujero debe ser cilíndrico y hondo.

4. Raya los laterales del sacapuntas con una espátula.

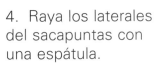

5. Aparte, modela la cuchilla (no debe ser gruesa) y pégala a la parte delantera.

6. Cuando el barro esté seco, píntalo con témperas; primero el fondo y después añade puntos, corazones, rayas, etc.

Un sujetalibros

1. Corta un bloque de barro rectangular con un hilo de nailon para que queden las aristas bien marcadas.

2. Pártelo en dos mitades, una más larga que la otra.

3. Raya con una espátula las dos partes que se unirán.

4. Prepara un poco de barbotina y pega el bloque pequeño sobre el grande. Asegúrate que queda vertical y bien pegado.

5. Modela distintas frutas de barro.

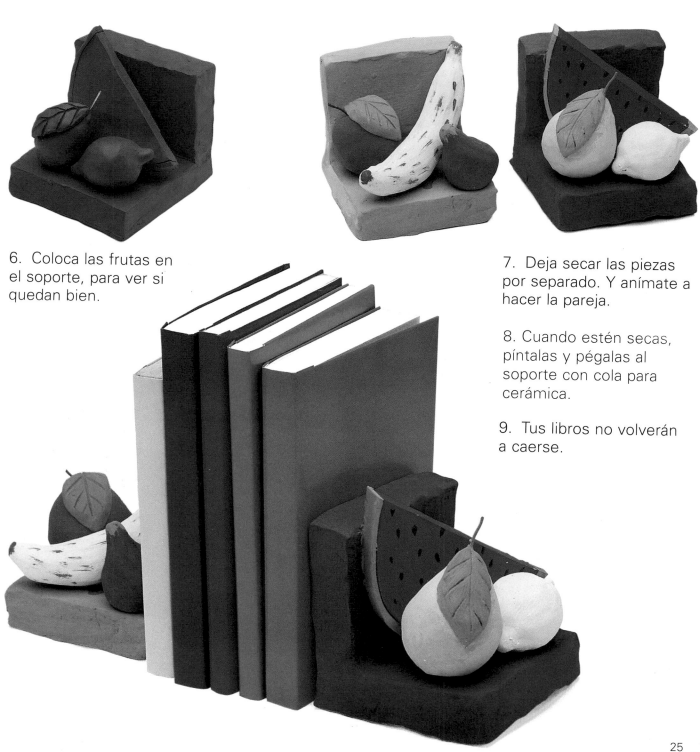

6. Coloca las frutas en el soporte, para ver si quedan bien.

7. Deja secar las piezas por separado. Y anímate a hacer la pareja.

8. Cuando estén secas, píntalas y pégalas al soporte con cola para cerámica.

9. Tus libros no volverán a caerse.

Una campanita

1. Para la falda de la señora, modela churros y forma con éstos anillas cada vez más pequeñas.

2. Colócalas una encima de otra.

3. Alisa la falda, por dentro y por fuera, con tu dedo. Puedes mojarlo con agua.

4. Modela la cabeza y el cuerpo de la señora. Une las dos piezas introduciendo una dentro de la otra. Añade la trenza.

5. Ata un clip en un extremo de un cordel, tan largo como la falda, y en el otro extremo, pega una bolita de barro.

6. Pásalo por el centro de la falda y clávalo en la parte inferior del cuerpo

7. Pega el cuerpo a la falda y colócale los brazos, que harás con dos churros de barro pegados a los hombros

8. Puedes hacer un cuello y un delantal atado atrás.

9. Cuando esté seca, puedes pintarla y ponerle flores secas entre las manos.

Una casa

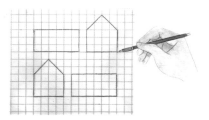

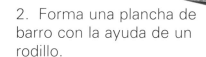

1. Dibuja las paredes laterales y la fachada frontal y posterior de la casa en un papel cuadriculado.

2. Forma una plancha de barro con la ayuda de un rodillo.

3. Coloca las partes de la casa ya recortadas encima del barro. Recórtalas con una espátula.

4. Empieza a montar las paredes de la casa, poniendo especial atención en las uniones.

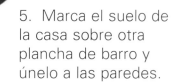

5. Marca el suelo de la casa sobre otra plancha de barro y únelo a las paredes.

6. Dibuja el tejado en papel cuadriculado y una vez recortado, haz lo mismo en barro.

7. Coloca el tejado sobre la casita sin unirlos. Con un churro une las dos vertientes del tejado.

8. Una vez seco, pinta por separado la casa y el tejado, por dentro y por fuera. Puedes decorar la pared con enredaderas y las ventanas con persianas.

Glosario

Cortador: Pinza desmontada con un hilo de nailon atado a las dos mitades que sirve para cortar el barro.

Barbotina: Mezcla cremosa de agua y barro seco.

Listones: Dos tiras de madera que se sitúan sobre una tela; en el centro se coloca el barro que se quiere aplastar.

Rodillo: Herramienta de madera de forma cilíndrica que sirve para aplanar y alisar el barro.

Vaciador: Herramienta que sirve para vaciar, para quitar barro del interior de un bloque.

Espátulas: Herramientas de plástico o madera con distintos acabados en ambos extremos para trabajar el barro con mayor facilidad y precisión.

Los objetos de barro de este libro